Christel Dillenburg · Die 4 Jahreszeiten

AF188780

ISBN 978-3-7494-0874-0

Bisher erschienene Bücher:

Mein Erbe wirkt in mir

Die 4 Jahreszeiten

Christel Dillenburg

Die 4 Jahreszeiten

Gedichte und Geschichten

in Hochdeutsch und Mundart

1.   Auflage

Autorin: Christel Dillenburg
Autorenfoto: Becker Hörakustik
Zeichnungen: Pixabay
Alle Rechte vorbehalten.

Bibliografische Information der Deutschen Nationalbibliothek:
Die Deutsche Nationalbibliothek verzeichnet diese Publikation
in der Deutschen Nationalbibliografie; detaillierte bibliografische
Daten sind im Internet über http://dnb.dnb.de abrufbar.

© 2019 Christel Dillenburg

Herstellung und Verlag:
BoD – Books on Demand, Norderstedt

ISBN: 978-3-7494-0874-0

Einen ganz persönlichen Gruß,
den ich mit diesen Worten an alle Leser sende.

Es ist mir eine Freude seit Jahren zu dichten
Und Ihnen aus meinem Leben zu berichten.

Geschichten und Gedichte die das Leben schreibt
Es ist so schön, wenn es manch einer mit mir teilt.

Zu dichten, für mich sind es wunderbare Tage
Und somit auch mein Erbe tief in mir bewahre.

Vieles im Leben vergänglich doch ist
Doch geschriebenen Worte niemand vergisst.

Für mich zu wissen welch schöne Zeit
Dafür habe ich mehr als ein Dank bereit.

Christel Dillenburg

Inhaltsverzeichnis

Im Takt der Jahreszeiten

Die Jahreszeiten bestimmen den Takt
Es geht wie im Leben, mal bergauf und bergab.
Wie das Orchester spielt die Melodie
Das Jahr gleicht mitunter einer Symphonie.

Das Jahr als Dirigent mit all seinen Tagen
Wie einzelne Noten wir uns oft fragen.
Gefällt uns was wir da nun hören
Oder möchten wir uns an allem stören?

Wie ein Konzert aus einzelnen Klängen
Sollte man es genießen, auf allen Rängen.
Sich auf die Komposition der Töne einlassen
In der Hoffnung, das am Ende alle zueinander passen.

Die Vorfreude ist wie bekanntlich oft groß
Immer in Erwartung „Ich gehe über" Los.
Vielleicht erwarten wir auch oft zu viel
Anstatt zu genießen mit Maß und Ziel.

Wenn wir offen für all diese Klänge
Schafft das in uns auch weniger Enge.
Lassen wir uns treiben mit Freude im Takt
Dann ist das der beste Akt.

Genau wie die Noten uns zum Schwingen bringen
So werden die Jahreszeiten den Rhythmus bestimmen.
Ob nun Frühling, Sommer, Herbst oder Winter
Den Takt bestimmt das Jahr – so war es schon immer.

Das Jahr

Sonne, Regen, Schnee und Wind
So lauten die Zutaten – die es sind.
Was wir daraus machen liegt ganz bei uns
Wie im wahren Leben, ist das die Kunst.

Wir sollten voll Freude das Jahr genießen
Und nicht wie zu oft uns die Laune vermiesen.

Jedes Jahr ist wie ein Geschenk
Daran sollten wir immer denken, an dieses Präsent.
Und jeden Lenz den wir somit erleben
Können wir nutzen und so manches bewegen.

Das Leben kann uns geben oftmals so viel
So sollte es lauten, unser aller Ziel.
Ein wenig mehr Freundlichkeit und man wird sehen
Das lässt uns viel leichter durch´s Leben gehen.

Mit Lachen und Freude das ist doch klar
Erleben wir vieles leichter, in jedem Jahr.
Wir denken immer wir haben ewig Zeit
Obwohl wir nicht wissen, wieviel uns überhaupt davon bleibt.

Also nimm das Leben wie ein Jahr
Mit all seinen Zutaten – und es wird wunderbar.
Es liegt nur daran wie wir alles sehen
Wohl denen, die das auch verstehen.

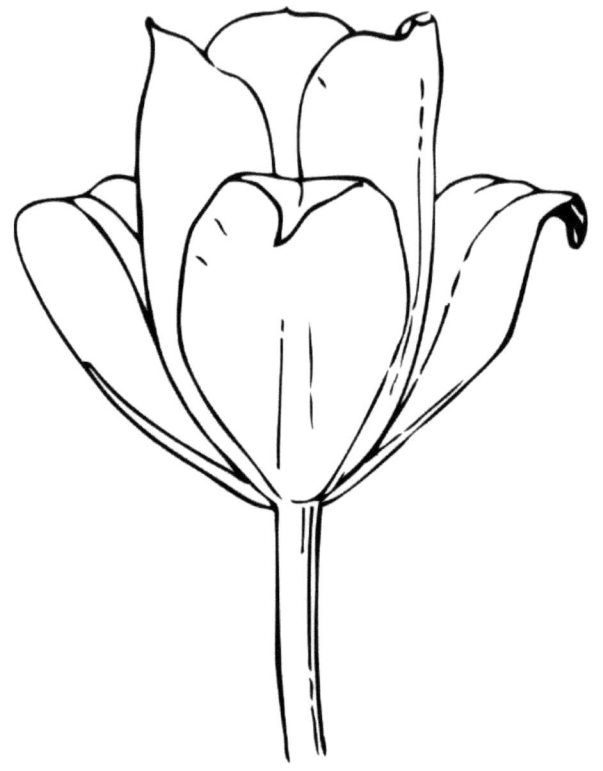

Frühling

Frühling

Wenn die ersten Sonnenstrahlen
auf die Erde niederfallen,
atmet auf nun die Natur,
die Tiere auch in Wald und Flur.

Leben regt sich überall
sogar im Hang der Wasserfall,
plätschert sachte und ganz leis,
endlich schmilzt das letzte Eis

Der Winter hat nun jetzt ein Ende
und auf den Wiesen, im Gelände
zieht eine große Schäfchenherde
auch sie hofft, dass es Frühling werde.

Alle Menschen zieht´s hinaus
In die Natur, raus aus dem Haus.
Man genießt die Wärme, atmet tief,
ein Käfer über´n Weg schon lief
und ein bunter Schmetterling
tanzt in der warmen Sonne drin.

Der Spielplatz der sonst öd und leer,
als gäb es keine Kinder mehr,
ist plötzlich wieder voller Leben
nur der Frühlingssonne wegen.
So hat ein jeder sein Gefallen,
an den ersten, warmen Sonnenstrahlen.

Der Lenz verschiebt seine Premiere

Theater unten und Theater oben,
erst kam die Sonne täglich zu den Proben
und die Premiere war schon festgesetzt,
da wurde sie (man kennt das ja) zuletzt
auf gänzlich unbestimmte Zeit verschoben.

Die kleinen Sträucher stehn gekränkt im Garten,
Komparserie muss eben immer warten.
Die Sonne, heißt es, sei disponiert,
das Stück vom Lenz wird später aufgeführt.

Was machen wir nun mit den Eintrittskarten?

Am Himmel hingen schon die ersten Geigen
Die Veilchen übten sich schon im verneigen.
Doch weil die Sonne noch nicht scheinen will,
spielt man derweil das alte Stück „April".

So einen Schmarren wagt man uns zu zeigen!

Die Damen ließen sich bereits die netten
Getupften Premierenkleider plätten.
Die dicken Herren riefen „Gott sei Dank!"
Und feuerten die Westen in den Schrank.

Und jetzt liegen wir mit Schnupfen in den Betten.

Wir führten unser Herz zu früh spazieren,
nun regnet es, und die Gefühle frieren.
Denn sie sind ohne Schirm, und sind verweist,
fast wie ein Kind, dass ganz vergaß, wie es heißt.
Man kann Geduld wie einen Knopf verlieren.

Ein Ausflug im Frühjahr

Auf du junger Wandersmann –
Wem Gott will rechte Gunst erweisen den schickt er in die
weite Welt –
Heute wollen wir das Ränzlein schnüren – denn
Das Wandern ist des Müllers Lust –
Jetzt fängt das schöne Frühjahr an – und
Das Leben bringt groß Freud – denn
Der Winter ist vergangen – und wenn
Im Märzen der Bauer die Rösslein anspannt – heißt es
Wir wollen zu Land ausfahren
Früh morgens wenn die Hähne krähn – denn
Nun will der Lenz uns grüßen
Alle Vögel sind schon da
Im Wald und auf der Heide – auch
Kuckuck, Kuckuck ruft aus dem Wald – oh
Ein Tiroler wollte jagen
Im schönsten Wiesengrunde – da kam
Ein Jäger aus Kurpfalz – meinte
Liebe Lola lass das weinen
Auf zum fröhlichen Jagen – denn
Ich bin freier Wildbrettschütz und hab ein weit Revier – drum
Mädel ruck, ruck, ruck an meine grüne Seite – und
Lass doch der Jugend, der Jugend ihren Lauf – denn
Schön ist die Jugend bei frohen Zeiten – er meinte
Suse, liebe Suse was raschelt im Stroh? – sie
Die Gedanken sind frei – plötzlich
Von den Bergen rauscht ein Wasser – nun
Jetzt gang i ans Brünnele
Am Brunnen vor dem Tore – oh
Ein Jäger längst den Weiher ging – er seufzte
Ein Heller und ein Batzen die waren beide mein – und nun
Keinen Tropfen im Becher mehr – da plötzlich
Ein Männlein steht im Walde – und sang

Annemarie tanz mit mir – denn
Lustig ist das Zigeunerleben
Wenn die bunten Fahnen wehen.
Hoch auf dem gelben Wagen
Hab mein Wagen vollgeladen
Auf der Lüneburger Heide.
Da sah ein Knab ein Röslein stehn – dachte immer
Auf der Heide blüht ein kleines Blümelein – pssst
Die Blümelein sie schlafen – und
Abend wird es wieder.
Es dunkelt schon in der Heide – eine
Abendstille überall – sogar
Der Mond ist aufgegangen – oh
Was scheint der Mond so hell auf dieser Welt – und
Hohe Tannen weisen die Sterne – einige fragen
Weißt du wieviel Sternlein stehn? – nun
Nehmt Abschied Brüder.
Guten Abend, gut Nacht – denn
Tief im Hunsrückland steht ein Bauernhaus – dort wartet
Ännchen von Tharau, die mir so gefällt - sie lauscht
Horch, was kommt von draußen rein? – Er
All meine Gedanken die ich hab, die sind bei dir – denn
Was frag ich viel nach Geld und Gut, wenn ich ich zufrieden bin
– und
Wahre Freundschaft soll nicht wanken.

Das war ein Tagesausflug
Im Frühtau zu Berge
Früh morgens wenn die Hähne krähn –
Wer recht in Freuden wandern will der geht der Sonn entgegen.

Siemere in der Hexenaacht

Ihr Siemerscher Bürger, mir weeret wierer bang
Denn die Hexenaacht steht aan.
Denke schon mit Angst un Schrecke
Wie Blume, Planze, Rosehecke
Unner dene Hexe leire
Die unkontrolliert ihr Unwese treiwe.

Häuser weere mit Farb begleckert
Uff manche Platze et aach ganz scheen scheppert
Do kennt eich grad aus der Haut rausfahre
Was en der Naacht vor en große Schaare.
Angerichtet – et is en Schand
Vielleicht hon jo Hexe aach kääne Verstand?

Wat hon die nore do devon
Wenn Kabel aus dem Telefon
Rausgeriss mit aller Kraft
Passt mol uff in de Nobaschaft.
Eich komme äänfach do net mit
De Sinn der Hexenacht ist's jedenfalls nit.

Deene muss mer doch dat Handwerk lähn
Unn kontroliere, dat misst doch gehn.
Dat nit manch Bliemche unn zart Plänzche
No der Naacht en Hexeschwänzche.
Lost alles bliehe zu meine Fieß
Siemere schickt an all viel Grieß.

Eich geb an all en gute Rat
Verschont meich in de Hexenaacht.
Passt uff meich uff, dat is kä Stuss
Damit eich net soviel leire muss.
Denn aach bei Hexe gerret Schranke,
Siemere grüßt Bürger unn – Hexe –

Mit herzlichem DANKE!

Frühling trifft Winter

Der Winter wollt verreisen
doch nicht so ganz allein,
er wollte mal beweisen
am schönsten ist´s zu zwei´n.

Zu seiner Frau er darauf sprach:
„Ich nehme dich mal mit",
Frau Kälte, - ja, eine gute Sach
gemeinsamer Urlaubsflirt.

Da riefen ihre Kinder
wir bleiben nicht zu Haus,
gut, - wir werden´s ausprobieren, -
zusammen ging´s hinaus.

Die Älteste von Dreien
ihr Name? Sie hieß – Schnee,
tat sich von Herzen freuen
und rief ganz laut – Juchhe.

Die Zweite trug den Namen – Frost
möchte auch mein Bestes geben,
wir spielen alle Stadt, Land, Fluss
und wollen was erleben.

Die Dritte kam mit Wonne
ganz schnell herbeigeeilt,
ich bin die Wintersonne
nun waren all vereint.

So zogen sie durch's ganze Land
das Steuer fest im Griff,
verschneite Landschaft, vereister Strand
ein richtiges Winterschiff.

Ein schöner Urlaub wurde draus
und wochenlang auf Tour,
verlassen stand ihr Winterhaus
von Rückkehr keine Spur.

Da kam der stolze Frühling
des Weges her spaziert,
Familie Winter – so ein Ding
noch immer einquartiert.

Wie lang wollt ihr noch bleiben?
Ich bezieh jetzt das Quartier,
und möchte euch vertreiben
das Land gehört jetzt mir.

Die Natur die brauch nun Wärme
dein Urlaub der is um,
zieh weiter in die Ferne
ich bitte dich darum.

Der Winter sprach: „Ich seh es ein,
wir ziehen uns zurück,
doch so schön kann nur Familienurlaub sein –
ein wahres Familienglück."

April

April nun bald zu Ende ist,
der uns geärgert, zwar mit List.
Er trieb gar oft ein böses Spiel,
mit der Natur macht was er will.

Mal warm, mal kalt, mal Graupelschauer
so saß er Tag und Nacht auf Lauer.
Was kommt ihm sonst noch in den Sinn?
Schneeschauer, Nachtfrost ist für ihn jetzt „In".
Und hat sogar in mancher Nacht
Die Blütenpracht zu Nichte gemacht.

Was fällt ihm sonst noch alles ein,
April – das kann kein Scherz mehr sein.
Mach schnell dein großes Fenster zu
Und lass ein Jahr uns bloß in Ruh.

Ein Trost, wie immer es auch sei
folgt doch darauf der Monat Mai.
Der bügelt wieder alles glatt
was der April verwittert hat.

Ob wir uns ärgern stört ihn nicht viel,
macht sowieso das was er will.
Ein Glück das bald zu End er ist,
der Monat Mai willkommen ist.

Der selbstgepflanzte Baum

Unser Baum, inzwischen groß und schlank
Betrachte ihn von unserer Gartenbank.
Wir pflanzten ihn als kleines Bäumchen
Bekam Besuch von manchen Täubchen.

Umgeben oft von einem Mückenkranz
Die ihn umringen wie im Tanz.
Auch Schmetterlinge schauen begeistert zu
Genießen bei ihm die nötige Ruh.

Vögel ihre Lieder trillern
Die erholsam in unsre Herzen dringen.
Zehn Jahresringe zählt er schon
Können so in seinem Schatten ruh´n,

wenn heiß sie brennt die Sommersonne
eine wahre Wonne.
Reckt seine Zweige, es ist ein Traum
Schaut schon über Nachbars Gartenzaun.

Winkt der Rose die dort blüht
Doch er schweigt, was er sonst noch sieht.
Immer höher und weiter kann er sehn
Winkt der Abendsonne beim Untergeh´n.

Begleitet sie beim Abschied nehmen
Eine wahre Wonne, dieses Schauspiel zu erleben.
Eine Ruhe strahlt er aus
Der selbstgepflanzte Baum hinter unser´m Haus.

Die Tulpe

Dunkel war alles und Nacht
in der Erde tief, die Zwiebel schlief
ganz sacht.

Was ist das für ein Gemunkel?
Was ist das für ein Geraune?
dachte die Zwiebel im Dunkel,
die Braune.

Was singen die Vögel dort oben
und jauchzen und toben,
von Neugier gepackt
hat die Zwiebel einen langen Hals gemacht,
und um sich geblickt
mit einem hübschen Tulpengesicht.

Da hat, wer hätte das gedacht
sogar der Frühling ihr entgegen gelacht.

Das Mandelbäumche

Mandlbäumche in dem Gaade
Treibt die erste Bliede raus,
Bliedeblättcher, rosa zarde
Strahle so viel Leuchtkraft aus.

Morjens wenn de Wecker bimmelt
Un de helle Daach sich zeicht
Wird dat Bäumche angehimmelt
Bis de Morjemuffel weicht.

Mandelblüte duun erfreue
Fast die ganze Nochbarschaft
Kenne Herz un Seel befreie
Aus der grauen Winterhaft.

Hausbewohner, alde, junge
Gucke ger zum Fenster raus
Dobei löse sich die Zunge
Jeder drickt sich freundlich aus.

Hout, do kemmt de Wind von Süde
Määnt die Frau im Erdgeschoß
Prima vor die Mandelbliede
Rieft vom erste Stock de Boß.

Mandelbäumche in dem Gaade
Weckt die guude Geister nur,
stärkt die Eintracht, bringt kä Schade
dank der edelen Natur.

De Opa un de Kroppsack

Komm, dau klääner Kroppsack,
mach schnell deine Teller mit Nuerelle leer,
denn Oatze weere kään gemach.
Wenn dau nit besser esse duust, kannste meer glaawe,
dann huule deich noch die Raawe.
Meer zwei gehn awei iewer Land, un zeie deer wo Mureschied,
Aiedahl, Särschied un Rawersbursch leie.

Ohne lang ze simmelere hot de Kroppsack geruf:
"Opa, dann kenne meer wierer viel verziele.
Jo, jo, mach un huul noch schnell deine Wammes un
vergess dein Plätschkapp nit, sonst fliehe deer die Schnooke
ins Gesiecht, dau wääs jo, das die steche, mei Bu.
Gell Opa, die Migge schlahn meer dahääm mit de Miggeplätsch
kabutt. Du klääner Lausert, dat kannste aach schon.

Allemol Opa, dat host dau meer doch beigebraacht.
Vor deene Ohrwänsele misse meer aach uffpasse,
die krabbele so geere in die Ohre.
Die schlahn mer dann mit der Plätschkapp platt.

Wenn meer gleich an Brämere un Ämbere vorbei komme,
kenne meer viel Hohbääner un Omessele siehn,
Opa, gell die duun äänem neist? Nää, nää dau Buxeschisser.
Wie mach kää Fertz, sonst gehen eich alään.
Dahääm lääfste mit de rauliche Bue,
un hie hoste so en Schiss in der Bux. Dau klääner Freckert.

Wei will eich der noch Ebbes sahn.
Et wird aach net mit dem Kathrienche disbedeert,
wenn meer in Mureschied sinn un eich mit dem seinem Opa
Verzielcher halle, dat es nämlich mei Brucher.

So Stickelcher von Frieher verziele meer so geere,
dann kemmt en richtich Gheichnis uff,
un dat es gut vor mei Herz un Gemiet.
Opa, du meich net so driwwellere. Mei Suhn, eich hon grad
Gewäßfählt, wenn die durch Zufall noch Beereflaare härre,
deen esse eich formei Leewe geere.

Dau aach Opa? Un eich. Jo frieher, wenn die Fraleit den geback
hon, hot jed Stub so gut geroch, dat es dorch ganze Haus gezoh.

Haut kann kä Framensch de Geruch mit dem beste Cremkuche
ersetze, obwohl de jo aach gut schmecke duut.
So, wei tappe meer en bische schneller.
Lauster mol mei Bu, wie die Vääl singe?

Opa, die zwitschere doch un die Mensche singe.
Jo, jo mei Lausert hoss reecht.
Eich hon graad gewäsfehlt, ob meer frieher hie die Rummele,
Krombeere un Kappes harre, oder en bische weiter niewer.
Egal. Dobei hon meer uus abgerackert wie die Dollbohre,
dovon sin eich aach so krumm haut.

Opa, scheen muss meer nit sin, noore so gut wie dau.
Uff der anner Seit von Siemere harre meer immer Hau gemach,
de Geruch is haut noch in meiner Naas.

Du klääner Schisser, wenn meer dat alles uffschreiwe,
wat meer haut gesiehn un erlebt hon schicke meer dat an die
Hunsreckzeitung. Vielleicht schieße meer dann noch de Vool ab
un gewinne en Rääs irgendwohin, wo immer Suumer is unn
kenne uus die Fieß kiele die meer uus haut uffgelaaf hon.

Opa- hoffentlich schreibst dau dat net so hinnerscht- feericht
das die dat aach leese kenne? Eich will deer sahn, wenn
nit, dann harre se Pech, un meer zwehn en scheene
Nommedaach.

Do hoste reecht Opa. Opa, eich hon deich soo geere,
so en guure Opa will eich aach mol weere.

Dat war vor meich de scheenste Satz vom ganze Nommedaach.
Dau best un bleibst mei allerbest Steck. Komm, dodefor drecke
eich deich mol ganz fest on mei Herz,
dat is die scheenst Freid vor meich, dat nennt mer-„Geheichnis".

En Gefiehl das meer mit Geld nit bezahle kann, for jung un alt!

Sommer

Sommer

Jetzt wo endlich Sommer wird
nicht immer ist das garantiert,
freuen uns auf Sonne warm,
brauchen kein Jäckchen mehr überm Arm.

Wenn die Sonne hoch nun steht,
sie weiß gewiss noch wie das geht,
der Himmel klar, ganz himmelblau
dann ist Sommer, ganz genau.

Einen ganzen Tag auf der Terrasse
ist schon besonders klasse.
Im Haus wird dann nicht viel gemacht
wenn die Sonn vom Himmel lacht.

Die vielen Blumen die jetzt blühn
bunt und herrlich anzusehn.
Geht ganz nah dran bekommt den Duft
das ist pure Sommerluft.

Mit blanken Füßen kann man laufen
brauchen auch nicht viel zu kaufen,
Wäsche bügeln, Essen richten
darauf kann man gut und gern verzichten.

Bei Sonne soll man sich nicht plagen
da heißt es auszuruhn an schönen Tagen.
Nach dicken Wolken und Gewitter krachen
wird die Sonn schon wieder lachen.

So freu´n wir uns wenn Sommer ist
mal Urlaub, Ferien zu Haus genießt.
Spaß haben alle groß und klein
drum raus auf die Terrasse, im Urlaub daheim.

Der fast ins Wasser gefallene Sommer

Es lag nicht in unserer Hand
Das ständig die Sommersonne verschwand.
Hinter dicken Wolken ihr Versteck
Die nur Regen im Gepäck.

Wir sind betrübt, schau´n ganz benommen
Der Sommer muss doch endlich kommen.
Warten sehnsuchtsvoll auf dich
Lass uns bitte nicht im Stich.

Sonne, streng dich bitte an
Bring endlich Sommer – und nicht irgendwann.
Zeig uns jetzt dein schönstes Gesicht
Liebe Sonne wir bitten dich.

Die Zeit eilt viel zu schnell dahin
Sonne im Sommer unser Hauptgewinn.
Komm bitte ehe es zu spät
Sonst der Herbst bald Einzug hält.

Drum liebe Sonne bleib am Werke
Zeig uns deine Kraft und Stärke.
Denn Sommer ohne Sonne
Nein dank – bitte komme.

Sie unser bitten vernahm
Und siehe da sie kam.
Seit Wochen vom Himmel nun strahlt und lacht
Hat ihrem Namen nun doch alle Ehre gemacht.

Wer hätte das gedacht?

Urlaubsgrüße

Wir liegen hier in der Sommerfrische
Ein Gruß an dich und deinen Gatten,
wir sitzen grad am Kaffeetisch
und wollen kurz Bericht erstatten.

Wir haben hier zwei große Zimmer
Nebst Loggia und Blick nach Süden
Und Fritz, sonst meckert er fast immer
Ist ausnahmsweise auch zufrieden.

Die Loggia gewährt uns Kühlung
Sonst brauchen wir kein Italienich,
und das WC hat Wasser –Spülung
sonst ist es hier auch sehr hygienisch.

Zum Glück sind wir die einzigen Gäste
Drum lohnt`s sich nicht viel auszupacken,
denn für uns ist`s mal das Beste
auszuruhen und zu entschlacken.

So gibt es nichts was wir vermissen
An diesem Paradiese schönen Flecken,
doch sicher wollt ihr gerne wissen
wo wir denn eigentlich wohl stecken?

Wir haben`s nur nicht gleich geschrieben
Um Euch Enttäuschung zu ersparen,
wir sind diesmal zu Haus geblieben
und ganz besonders gut gefahren.

Das Fahrrad mein Begleiter

Mit dem Fahrrad auf Straßen und Wegen
Fahr ich gerne der Sonne entgegen.
Sauersoffpur, stärkt Lunge und Herz
Den ganzen Sommer - von Anfang März.
Brauch dadurch kein Fitnessprogramm
Mich erfreut mein Fahrrad, einen Sommer lang.

Trete in die Pedale den Radweg lang
Begegne Fußgänger mit Lachen und Gesang.
Grüßt sich freundlich lächelnd zu
Stunden vergehen so im Nu.
Alles kostenlos in freier Natur
Im Sportstudio dagegen auf dem Rad sitzt man stur.

Hört nicht mal den schönen Vogelgesang dort
Und die Sonne versteckt sich an einem anderen Ort.
Ich dagegen bräune noch mein Gesicht
Wer das nicht genießt, den verstehe ich nicht.

Also in die Natur, in die Sonne nichts wie raus
Im Winter war man lang genug zu Haus.
Wer das nicht erlebt, weiß auch nicht wie schön das ist
Mit dem Fahrrad auf Tour – man alles um sich herum vergisst.
Man in vollen Zügen genießt Natur und frische Luft
Sowie der Blumen angenehmer Duft.

Abschied

Der Sommer ist zu Ende,
er hat uns sehr verwöhnt,
und nun kommt die Wende,
wo man bald vor Kälte stöhnt.

Von Mai bis Herbst nur Sonne,
war´s uns oft zu heiß,
das Obst in voller Wonne,
für´s Schwitzen unser Preis.

Ja, eines nach dem anderen
ist abgeerntet bald,
wenn wir im Herbst jetzt wandern,
ganz kahl sind Wies und Wald.

Die Gärten und die Äcker
sind bald schon winterfest,
im Schuppen ruht der Träcker,
die Hacke ruht zuletzt.

Des Sommers letzte Rose,
reckt sich nochmal zum Licht,
die Blüten schon ganz lose,
bald auch der Stengel bricht.

Jetzt zieh´n sich auch die Menschen
zurück ins warme Haus,
der Herbst mit seinen Stürmen,
löscht nun den Sommer aus.

Sommerlaunen

Der Sommer zieht von dannen
Der eigentlich keiner war,
wir hatten doch verlangen
nach Sonne hell und klar.

Die sonst so heißen Wochen
War´n kalt, gefror´n hat ein jeder,
ins Haus hat man sich lieber verkrochen
das hatte was vom „schwarzen Peter."

Der Regen ist zwar wichtig
Doch was zu viel das ist zu viel
Das ist in dieser Zeit, so jedenfalls nicht richtig
Im wahrsten Sinne des Wortes - kein schönes Sommerspiel.

Dann noch Graupel was ein Jammer
Was fällt ihm jetzt noch ein
Für manch Regionen echt ein Hammer
Das kann´s doch wohl nicht sein.

Lieber Sommer, so geht das nicht
Bevor der Herbst einzieht,
schick noch wärmendes Sonnenlicht
für´s Herz und für´s Gemüt.

Er hat´s gehört, wir sind so froh
Die vergangenen Wochen,
warme Sommersonne, ein Hochido
doch eines wollen wir noch hoffen...

Stell nächstes Jahr dich besser ein
Gejammert dieses Jahr, hat groß und klein.

Ein Trost, wir alle wissen
Auch Schlechtes Wetter geht vorbei
Einen schönen Sommer, wir nicht wollen missen
Und freu´n uns schon auf den nächsten Mai.

Des Sommers letzte Rose

Eine Rose einsam im Garten steht
Jetzt im Herbst, nicht mehr von der Sonne verwöhnt,
erfreut sich trotzdem der letzten Sonnenstrahlen
um viel Schönes in Gedanken noch auszumalen.

Nur – wo ist der Sommer? Und meine Artgenossen?
Sagt sie betrübt, schaut ganz verdrossen.
Schon verblüht? Bin ich zu spät?
Wie kann es sein
Und ich nun ganz allein?

Doch alle Kraft setz ich jetzt dran
Vielleicht mit meiner Blüte noch so manches Herz erfreuen
kann.
Sieh da, der Herbst hat es noch gut mit mir gemeint
Sie blüht, ein Mensch kam des Weges im Schicksal vereint
Auch er genießt des Lebens Herbst, jetzt, erst heute
Ihm gab der Sommer des Lebens nicht viel Freude.
Nun geht es ihm wie der späten Rose
Er etwas wacklig, ihre Blätter etwas lose.

Beide genießen die Herbst-Sonnenstrahlen
Sie sind für sie jetzt kostbarer als des Sommers heiße Tage.
Erfreuen sich nun im Herbst ihres Lebens
Denn ein Sonnenstrahl oder eine Freude sind nie vergebens.

Sie blühte erst spät
So wie es manchem Menschen im Herbst seines Lebens geht
Beide genießen jetzt alles intensiv
Und denken dabei sehr positiv.

Es läuft halt nicht alles nach unsrem Plan
Dabei kommet es eben auf die richtige Einstellung an.
Denn der Schöpfer hält uns fest in seiner Hand
Die Rose im Herbst, uns Menschen ein Leben lang.
Dies zu erkennen und dann begreift
Das im Herbst noch viel Schönes blüht und das Leben erst reift.
Dann bedankt man sich nicht nur
Für Sommer-Sonne pur,
sondern sogar zu guter Letzt
für einen schönen Lebens-Herbst, heute – jetzt.

Herbst

Herbstfarben

Hallo Herbst, nun bist du dran
hol die Farbe und den Pinsel ran.

Färbe unsre Welt schön bunt
ja Farben – die sind so gesund.

Wollen durch dein Laub dann springen
mit den Vögeln wir nun singen.

Danken jetzt für all die Gaben
die wir über's Jahr empfangen haben.

Farbige Blätter im Herbstwind wehen
in keiner anderen Jahreszeit wir das sonst sehen.

Verwöhne uns mit all deiner Pracht
unser Herz dann sicher auch ganz laut lacht.

Besonders bist du jedes Jahr
allein deine Farben, mal dunkel mal klar.

In diesem Sinne ein Dank an dich
für all die schönen Farben, wie ein Gedicht.

Farbenspiel

Die Blätter fallen und bedecken
Vor lauter Laub, wir die Erde kaum noch entdecken.
Ein Spiel der Natur aus Komposition und Farben
An der wir uns für den Winter laben.

Die Bäume verlieren ihr Gewand
Innerhalb von Tagen, wie rasant.
In dieser Zeit wir viel spazieren gehn
Durch den Wald, über die Felder und entlang mancher Seen.

Morgens in klarer Luft durch den Tau
Und im Laufe des Tages bietet uns der Herbst eine tolle Schau.
Ein Farbenspiel der Natur nur für kurze Zeit
Genießen ist das Gebot, am besten zu zweit.

Auch wenn die Tage immer kürzer werden
Sollte man sich nicht beschweren.
Grüß den Herbst mit guter Laune und Genuss
Sonst kommt der Winter, schnell - mit viel Verdruss.

Die letzten Sonnenstrahlen wärmen uns
Im Farbenspiel, dass ist die Kunst.
Was uns der Herbst damit erfreut
Das ist das Besondere ihr Leut.

Habt ein Auge für dieses Spiel
Der Herbst, er bietet uns sehr viel.

Nunkeerschner Maart

Jedes Joahr zur selwe Zeit
Treffe sich die Hunsrecker Leit,
off dem bekannte Nunkerschner Maart
denn so en Gaudi nore de Hunsreck hot.

Schon Woche vorher denkt mer draan
On jeder geht dohien, de kann.
Zwei Daach wird soviel geboot
Von A – Z is alles im Lot.

Von de Deerfer runderum
Sin die Leit schon frieher komm,
so is et noch hout, so weerds aach bleiwe
hoffe, das die Schausteller noch lang ihr Spielche kenne dreiwe.

So en Tradition, die weerd in Ehre gehall
Reppelt ouch uff, et lohnt sich uff jede Fall.
Dir Fraleid un Mannsleid, net lang iwerlaacht
An Krankheite werd hout net gedaacht.

Die Jugend, die Alte, kääner kemmt zu koorz
Meer geht salopp, oder fein, frieher ginge meer mit der Schoorz.
Ween mehe meer diesmol wierer treffe?
Altbekannte, Freinde, oder Neffe?

Dat Scheenste is de Nommedaach mitte in der Woch
Do weerd noch geflescht die Muttersproch.
Se is un bleiwt for allemol
En Vermächtnis uuser Vorfahre von Ano Dazumal.

On flimmere owens vor de Aue aach paar Sterne
Wenn de Jupp säht: „Märy, eich hon deich so geere".
Weil se sich kennegeleert, uff dem Nunkerschner Maart
1950, wer hätt dat gedaacht.

Un weirer gen se de gure Rat
An die Jugend die bald heirate duut.
Sucht uff dem Maat oure Partner aus
Do weerd bestimmt en Heirat drouß.
Do treffe sich nore echte Leit
So waaret schon frieher, so isset aach noch hout.

Opa, hast dau domols aach so zu der Oma gesaht?
Ja – gell Märy, en wunderbar Sach.
Eich liebe deich wie 1950 immer noch,
Ein dreifaches „ Hoch" der Muttersproch.

Zwei Ameisen auf Reisen

Zwei Ameisen begaben sich auf große Reise
Brachen auf ganz sacht und leise.
Ihr Weg durch manche Straße führt
Waren von der Gegend sichtlich gerührt.
Nun eine Entscheidung, Felsenweg hoch, oder zum Park?
Inzwischen schmerzten ihre Füße arg.
Fuß verstaucht und umgeknickt
Die Schmerzen zogen ihnen bis ins Genick.
Zum Park entschieden sie sich
Durch die hohen Bäume sei Kühlung in Sicht.
Dort ruhten sie aus für einige Stunden
Denn den Wingertsberg-Park wollten sie auch noch erkunden.
Wir geben so schnell nicht auf
Ihr Menschen verlasst euch drauf.
Doch das Laufen fiel ihnen sehr schwer
Sie hinkten hin und her.
Füße wund gelaufen und Blasen dran
Was fangen wir bloß noch an?
Vorsicht, ein kleiner Steg –zu spät.
Der Sturz war schlimm – doch immerhin.
In Blütenblättchen zart und fein
Wickelten sie ihre Gebrechen ein.

Oh, da plättschert was, ist das vielleicht ein Bach?
Sie schleppten sich hin mit Weh und Ach.
Dort nahmen sie ein kühles Bad, das tat gut
Und bekamen wieder neuen Mut.
Jedoch inzwischen wurde ihnen klar
Das Ziel eigentlich ein großer See war.
Die Menschen feiern dort oft ein Fest
Weil es sich in freier Natur gut feiern lässt,
hörten sie von Spaziergängern im Vorüber gehen
dort sei es wunderschön.
Doch den großen See erreichten sie auf dieser Reise nicht
Bekamen ihn aber von Ferne zu Gesicht.
Dies sollte ihnen vorerst genügen ,
kehrten um, waren trotzdem glücklich und zufrieden.
Glaubten, das diese Reise nicht vergebens
Sie hatten viel gesehen und freuten sich ihres Lebens.
Schließlich fanden sie wieder ihr Ameisennest
Dort schliefen sie ein, ganz tief und fest.
Wie lange noch – genau weiß man nicht
Aber was sie erlebt und gesehen, schrieben sie für uns auf in
diesem Bericht.

Die krank Freindin un die Glock

Meer harre mit uuser Freindin gewett
denn die lag mit Scharlach un hohem Fiewer im Bett.
Da jo Schaarlach ansteckend war
durfte mir die aach net besuche, das war mo klar.

Offem Zierelche harre meer ihr uffgeschrieb
un vor lauder Spass schon die Hänn gerieb.
Meer krabbele more bis zu de Glock nuff
hoffentlich is de Glocketurm aach uff.

Et hat geklappt, du liewer Hiemel, wat hon meer do gesiehn
rechts und links geguckt, iewerall hin.
Vor Schreck waare meer ganz scheen am schwitze
un gleich uff die Balke mir honn uns müsse sitze.

Die groß Glock un die schwer Kirchturmouer
un runderum dat dick Gemauer.
De Schweiß uff de Stirn, die Knie ganz weich
von Kopp bis Fieß mir ware kreidebleich.

Die Säckel voll Stään, eich kannet auch saahn
hat jeder vor seich mit enuff getraahn.
Ganz scheen schwer, die Scheerz bald om zerreiße
die Stään wollte meer doch an die Glocke schmeiße.

Dat alles harre meer uuser Freindin versproch
die vorich Woch.
Dann lausterte mol, un hot die Ohre gespitzt
un saaht zu ihrer Mudder ganz verschmitz:
Eich honn jo grad die Glock leire geheert
die daacht, eich wär en bissche im Kopp verkehrt.

Weile kam se gleich mit em Fiewermesser aan
wollt wisse wieviel Fiewer eich dann haan.
Et hot kräfdisch geklimberd, un honn se gefroohd
wat is in der Keerich dann haut bloß los?

Do guckt se meich aan, un eich musst lache
Wat sin dat dann nor vor Sache?
Ei, meer Freindinne harre dat so unnereinanner ausgemach
un daacht, das wär doch mo en Spass.

Der Schinotzer, saht se un hot gelacht hennerher
kommt wärglich uff die dollst Idee, glaabt et meer.
Doch de Spass hot bis heit noch aangehall
meer müsse immer noch lache, wie domols, iewer uuse
jugendliche Infall.

Herbst   (Federweißer)

De Herbst is do, dir liewe Leit
en wunderschön Jahreszeit.
Wenn meer dat bunte Herbstlaab sehn
un wierer mit warme Unnabuxe gehen,
zur Ruh sich lääd bald die Natur
was trinkt meer in der Zeit denn nur?

Wenn´s uff de Gass wird still un leise
dann genieße mir Fraue de Federweiße.
Dazu kann ma meer noch versuche,
hausgemachte Zwiebelkuche.

Geback is der von haut ganz frisch
un steht bereit uff jedem Disch.
Dazu zwei – drei Federweiße Schoppe
is gesünder als Pille un Droppe.

Bekanntlich hat jo die Ernährung
Aach große Einfluß uff die Gährung.
Mit Federweiße im Gedärm
fängt aach schon an de große Lärm.

Es duut bis in die Lende reiße
schafft sich Luft uff sonderbare Weise.
Bis er flüssisch oder fest
teils als Gas uns dann verlässt.

Bist umnebelt von dem Duft
dann hilft nur noch schnell frisch Luft.
Nix wie naus uff die Gass
un hinne spürste was.

Dann such dir weil ganz flott en Klo
dann wirkt er schon, dass is halt so.
Uffpasse kannst de wie en Lux
zu spät – schon vor'm Klo geht's in de Bux.

Dann war er halt en bissche schneller
un dau zu langsam – denn de Klo, der is im Keller.
Oder hast zu fest gelacht
un er sich ganz schnell Platz verschafft.

Denkt aach manch Frau hie in de mitt
wie wär's, wenn mern gleich in die Bux ninn schitt.
Doch das wär schad um den Genuss
viel liewa ihn zuerscht mol trinke muss.

Helfe duut er, er kann vieles mache
er macht nur ganze – kään halbe Sache.
Schmiert die Gelenke, ja der kann's
das siehn meer gleich – beim Seniorentanz.

Meer krieht Courage, kään Angst vorm blamiere
gleich duun meer all en Tänzche riskiere.
Un wenn er steichd noch in de Kopp
dann kannste danze im Galopp.

Heert ma links un rechts en Knall
macht nix, das verflieht mim Schall.
Schlimmer ist's wenn still un leise
versucht die Därm dir zu zerreiße.

Doch er macht uns aach fidel
er reinigt alles, aach die Seel.
Macht die Aue klar un blank
die Dicke weere dovon schlank.

Die Dünne nehme von ihm zu
das is von dem de größte Clou.
Er hot uns all an seiner Stripp
zieht durch Körper uns Geripp –
un schützt aach noch vor mancher Gripp.

Er duut uus aach noch gut entschlacke
dann kännst Sätz wie´n Känguruh mache.
Bevor de gehst noher ins Bett
trink noch äähner, do brauchst kään Schloftablett.
Das is en gude Rat von mir
sparst aach noch Rezeptgebühr.

Ja, Zwiebelkuche, Federweiße
bringe Schwung, meer kenne es beweise.
Die zwei, die sinn en gut Gespann
es kemmt halt nur uffs Quantum an.

De Federweiße – ein Alleskönner
un im Herbst de große Renner.
Bei soviel Wirkung duun meer ihn preise
ein dreifach Hoch, dem Federweiße.

P.S.   Noch daachs danno
        stellt sich die Froh.
        Wirkt er noch oder aach net
        ma wääs jo net.

Jeder krieht halt ab sein Teil
er is un bleibt en Dunnerkeil.

Oktober

Der Nebel steigt, es fällt das Laub
schenk ein den Wein, den holden
die Tage kürzer, so ist der Jahreslauf
den Alltag heut, den wollen wir uns vergolden

Und stürmt es draußen noch so doll
mag auch der Herbstwind toben
so ist die Welt doch wundervoll
wir wollen sie nur loben.

Und wimmert auch einmal das Herz
so lach und lass es klingen
wir wissen´s doch, das ist kein Schmerz
ein frohes Herz, das ist nicht umzubringen.

Und diese netten Stunden heut
genießen wir im Stillen
der Abend schön und was eine Freud
so ganz nach unserem Willen.

So hoffen das wir frohgelaunt
zu Haus bei unseren Lieben
erzählen was sie heut versäumt
denn uns kann nichts den Tag vermiesen.

Jetzt wollen wir dem lieben Herrn
auch unser Dank heut sagen
das er uns schenkt ein fröhlich Herz
in guten und in schweren Tagen.

Simmerner Senioren-Aktiv

Im Oktober 2013 Herr Bamberger zu einem Seniorensport rief
viele Senioren, was keiner ahnte, wurden daraufhin aktiv.
Einige meinten da wird nichts draus
wir ruhen uns lieber zu Hause aus.

Da wir aber Senioren-Aktiv und schnupperten die erste Stunde
oh, das ist ja eine ganz fröhlich sportliche Runde.
Ja, wer hätte das gedacht und siehe da
inzwischen sind wir eine große sportliche Schar.

Mehr und mehr füllte sich der kleine Saal
bis es hieß mit einem Mal.
Wir müssen hoch in die große Halle
das begeisterte natürlich Alle.

25, 30 - oftmals auch noch mehr
kommen inzwischen zum Sport und das freut uns sehr.
Denn Herr Bamberger ist ganz große Klasse
er hat uns alle im Blick, und das ist kaum zu fasse.

Seine nette und freundliche Art
hat er Stunde für Stunde für uns parat.
Das macht uns natürlich Mut
tut Körper, Geist und Seele gut.

Unsere Wehwehchen wir in der Stunde vergessen
und mit seinem Humor die noch vorhandenen Kräfte messen.
Freuen uns Woche für Woche auf diese tolle Stunde
dabei zu sein in so einer fröhlichen Runde.

Wegen der großen Beteiligung wurde unsere Gruppe geteilt
und heute an unserem Grillfest wieder mal vereint.
Nun wollen wir mit unserem Auftritt beweisen
was Simmerner Senioren-Aktiv noch können, das soll schon
was heißen.

Dann kommt das Lächeln von ganz allein
und wir freuen uns von ganzem Herzen jede Woche einmal
dabei zu sein.

Winter

Winterfreuden

Der Winter ist der kälteste der vier Jahreszeiten
Doch freuen wir uns auf ihn, mit all seinen Seiten.

Klirrende Kälte und kurze Tage
Für manche eine richtige Plage.
Andere machen das Beste draus
Und gehen auch bei diesem Wetter raus.

Genießen die kalte und frische Luft
Freuen sich darüber das man nicht schwitzen muss.
Mit Mütze, Schal und dicker Jacke
Eingepackt ist das ne super Sache.

Und kommt dann endlich auch der Schnee
Machen wir´s uns gemütlich mit nem warmen Tee.
Ein Traum in Weiß die Landschaft nun
die Kinder wissen was zu tun.

Ob Schneeballschlacht oder Schlittenfahrt
Die Freude grenzenlos erscheinen mag.
Weiße Weihnacht, ein besonderes Fest
Seht doch nur, wie es Kinderaugen strahlen lässt.

Diesen Glanz gibt es nur einmal im Jahr
Und der Wunsch nach weißer Weihnacht
wird manchmal auch wahr.
Die Welt sodann mit den Augen der Kinder zu sehen
Das ist wahres Glück um Schönes zu verstehen.

Schnee

Der Winter ist vergangen
War er überhaupt schon da?
Wir hatten doch Verlangen
Nach Schnee – so wie es früher einmal war.

Drei Tage Schnee
Das ist fürwahr zu wenig
Eine Schlittenfahrt, Oh je
War dieses Jahr nicht möglich.

Wenn Enkelkinder fragen
Oma, was ist Schnee?
Voll Wehmut wir dann sagen
Wie war das früher schön.

Es grenzt schon fast an Märchen
Des Winters weiße Pracht
Nun singt uns bald die Lärche
Vom Frühling bald erwacht.

Jetzt schleicht er sich von dannen
Wie ein gebranntes Kind
Er lässt sich nicht einfangen
Und zieht nun fort geschwind.

Wir lassen ihn auch ziehen
Ganz mild ist schon die Luft
Die Frühlingsblumen versprühen
Schon den Hauch von Frühlingsduft.

Doch alles kommt mal wieder
Vielleicht? Wir werden sehn
Und singen dann im nächsten Winter
„Die Katze lief im Schnee".

Stefans Gebet ans Christkind

Lieb Christkind, eich sinn noch so klään
Will unbedingt dir haut wat sahn.
Eich leie im Bett, scheen mollich un warm
Unn denk an de Ivan, die sinn so arm.
Die komme aus em annere Land hie her
Dat is nit äänfach, ganz scheen schwer.
Mer kenne uus garnit richtich verstehn
Dat is nit scheen.

Dem seine Papa, de duut en bische viel trinke
Dat stimmt, dat sinn kää Finde,
dann torgelt der, unn dahääm gerret Krach
schmeiß dem doch die Flasche in de Simmerbach.
Aach dat Paulinche, dat duut so schlechte Note schreiwe
Eich hon Ängst, dat gäb sitze bleiwe.
Helf dem doch mol in bische dobei
Das et kään 5 schreibt, vielleicht mol in 2 oder drei.

Noch wat darf eich nit vergesse
De kleene Lucas is uff mein Fahrrad ganz versesse.
Host dau im Hiemel kennt do stehn?
Et muss nit nau sinn, nore noch en bische scheen.
Ach , eich sinn im Bett jo so am schwitze
Waart mol grad, eich duun emol dat Licht anknipse
Dann kannste meich aach besser siehn,
eich wohne in Siemere, am Simmerbach Nr. 10

Kennst dau aach mein Oma un Opa? Die sinn schon alt
Mach dat Oel nit so deier, deene is et immer aarich kalt.
Die kenne nix wie nore spaare
Un wenn se krank sinn, kann mei Mudder wiere laawe.
Dat Kathrinche behaupt immer, 3x3 wär 10,
dat stimmt doch nit. Dat ziehlt sich immer als erschtes mit.

Lieb Christkind un iewerhaupt
Eich hat meiner Mudder 50 Cent geklaut,
do war et schon dunkel, dat hast dau sicher nit gesiehn?
Oder guckst dau wergelich iewerall hien?
Kennst dau aach mein gut Tant Klärche?
Die geht immer kaafe mit em Enkaafskärche.
Die kann so schleecht gehn, wehe de Hiehneraue
Pass gut uff die uff, deene Autofahrer kann mer nit immer
traue.

Un die alt Oma bei uus generiewer
Huul die doch in de Hiemel, do wär die viel liewer.
Mei Mudder un Vadder duun immer so lang Fernseh gucke
Eich muss ins Bett, die bleiwe noch stunnelang hucke.
Zu mir sahnse, Fernseh wär nit gut vor die Aue
Mir mießte Strom spaare, mir wollte doch baue.
Eich kann so Vieles äänfach nit verstehn
Mein Mudder mähnt, dodefor wär eich noch en bische zu klään.
Dann mach, dat eich en großer Bu bald sinn
Unn alles verstehn, dat wär scheen.

Lieb Christkind, eich sinn awei soo mied
Die Aue falle mer zu, doch noch ään Bitt.
In de School hon eich gelehrt, dau hässt so viel Engel druuwe
Du vor meich un de Ivan en ganz scheene aussuche,
un mach, dass mer all gut schlofe, die Naacht
denk an die Engel—hoffentlich hon eich aach an alles
gedaacht?--- genaacht.

Wunschzettel an das Christkind

Liebes Christkind,

Mache, dass mir der Festtagskuchen gelingt,
und meine Vorräte reichen.
Das mir Onkel Hubert nichts mitbringt,
weil es meist nur unnütze Dinge sind, die dann herumliegen.
Das ich für Ulrich, der mir nicht besonders sympathisch ist,
doch noch das
Schönere Geschenk wähle. Das ich nicht wieder behaupte,
sämtliche Gardinen
Waschen zu müssen, sondern, dass ich lieber die junge Frau, die
aus einem andern Land kommt, zu einem netten Gespräch und
zu einer Tasse Kaffee einlade.
Das ich nicht mehr der Versuchung erliege, noch mehr
Kleinkram zu kaufen
Und stattdessen den Nachbarn, deren Kind schwer krank ist ein
paar Blumen bringe.
Das ich mir nicht zum xten Mal vornehme, der alten Frau im
Altenheim eine ganz
Besondere, zeitraubende Freude zu machen, sondern diesen
Vorsatz auf Kosten von
Ein paar ungebacken bleibenden Lebkuchen ausführe.
Das ich nicht wieder stöhne, wenn Großmutter mir auf ihre Art
und Weise auf die Nerven geht.

Dass ich ein paar konventionelle Weihnachtsgrüße auslasse
Und dafür einer ehemaligen Schulfreundin in Amerika, die sehr
viel Heimweh hat,
einen liebevollen Brief schreibe, und auch der
Schwiegertochter für eine Zeit
die Kinder hüte, damit sie in Ruhe ihre Weihnachtseinkäufe
erledigen kann.
Auch Leute, um die ich lieber einen großen Bogen machen
möchte, freundlich Grüße.

Das ich durch kleine Aufmerksamkeiten anderen Freude
mache, ohne an meine
Vorteile zu denken.
Das ich überhaupt endlich begreife, dass du mit deinem
Kommen etwas ganz
Anderes bezweckt hast als das, was wir daraus gemacht haben,
und erinnere
Mich das nächste Mal daran, dass ich danach auch handle.

Ein Missgeschick

Man glaubt den Alltag fest im Griff
Lauert dort auch schon das nächste Riff.
Ein Schritt genügt und vor dem Haus
Gleitet schon das Steuer aus.

Daraufhin es gab nen Knall
Das erste Eis brach mich zu Fall.
Stürzte hin ohne viele Fragen
Auf die Straß in Seitenlage.
Vor Verzweiflung ich laut Schrie
Nicht schon wieder das linke Knie.

Doch das war es diesmal nicht
Konnt alles bewegen, also Land in Sicht.
Von was war ich denn da umgeben?
Was kam fließend mir entgegen.

Ein Bild das sich mir bot
Um mich herum alles rot in rot.
Der Schreck wollt mir den Atem rauben
Die linke Hand schien diesmal dran zu glauben.

Sucht nach Rettung soweit ich sah
War keine da...
Ja, die Biotonn die soeben geleert
Die hat mir das Misschgeschick beschert.

Grad an dieser Stell war es sehr glatt
Sie brachte mich zu Boden, war schach matt.
Doch beim aufstehn hielt die Tonne stand
Und Blut floss weiter noch mit dem Griff in der Hand.

Im Haus verband ich's dann im Nu
Kam allmählich auch zur Ruh.
Kein Bruch, nur offene Wunden?
Die heilen in Tagen, wenn auch nicht in Stunden.

Doch am nächsten Tag
Das Daumengelenk, es schmerzte arg.
Zum Unfallarzt entschloss ich mich
Röntgen, zur Vorsicht dachte ich.
Und dann die Wunden
Frisch verbunden.

Das war's dann nochmal Glück gehabt
Jedoch kam's anders als gedacht.
Röntgen – das ist Nebensache
Die offenen Wunden mir Sorgen machen.

Sprach der Arzt mit ernstem Blick
Hoffentlich haben sie jetzt Glück?
Ein Infekt, die Hand und sie in Gefahr
Das alles nahm ich gar nicht wahr.

Sofort nach Koblenz ins Krankenhaus er sagte
Ich meinte, ich halt's nicht aus – und mich dennoch wagte.
Der Infekt schon fortgeschritten
Muss sie dringend darum bitten.

Verlieren sie jetzt ja kein Zeit
Und fahren in der Zeit, die ihnen bleibt.
Um 20.00 Uhr in der Klinik dann
Die Schwester begrüßte mich mit großem Empfang.

Wie, schon 24 Stunden her
Sie müssen bleiben stationär.
Mein Gesicht war am erblassen
der Kreislauf drohte mich nun zu verlassen.

Dann fügt ich mich so gut wie möglich
Denn es war auch bitter nötig.
Alle verfügbaren Mittel setzte man ein
Die Lage entschärfte sich ungemein
Und in Gedanken doch daheim.

Nun hatte ich Zeit im Krankenhaus
Und machte dieses Schriftstück draus.
Wurde entlassen nach sechs Tagen
Heute kann ich dazu sagen,
wenn man glaubt es sei alles paletti
fließt bei mir schon mal Blut, anstatt Konfetti.

So gehen mir nie die Themen aus
Nicht einmal im Krankenhaus.
Und hatte wiedermal
Ein Thema zum Schreiben, ein ganz besonderer Fall.

Gelernt hab ich daraus – das Leben plant für mich im Voraus.

Winter ade

Lieber Winter kannst nun zieh´n
Hast dein Soll erfüllt, Oh je,
die Zeit mit dir war wunderschön
singen laut von Herzen—„Winter ade".

Das Land hast du behütet
Bedeckt mit Schnee ganz weich,
den Wurzeln das viel nützte
im tiefen Erdenreich.

Wollen uns ja nicht beklagen
Hast alle stets erfreut,
mit Schnee und kalten Tagen
dick war dein Winterkleid.

Uns hat das sehr gefallen
Das schöne Winterspiel,
doch nun freun wir uns alle
auf echtes Frühlingsgefühl.

In dicken Erdenkrumen
Sich langsam Leben regt,
das bald in bunten Farben
die Natur im Frühling steht.

Nun komm du Frühlingssonne
Gelang ins Erdenreich,
die verschlafene Blumenknolle
weck auf, für euch wird's Zeit.

Jetzt zieh mit großen Schritten
Samt deinem Hab und Gut,
und lass dich nicht mehr blicken
der Frühling, der Frühling er ruft.

Wieder ist ein Jahr vorbei

Wieder ist ein Jahr vorbei
wieder eins verschwand,
vorbei ist lang des Lebens Mai
der Lebensherbst reicht uns die Hand.

Der Blüten Früchte unsrer Jahre
vom Sommer unsres Lebens,
erfreuen uns ganz ohne Frage
keine Blüte war vergebens.

Kinder, Enkel sind die Früchte
darauf sind wir stolz,
schau´n voller Freud in ihre Gesichter
da wir aus einem Holz.

Doch sie, sie geh´n jetzt andre Wege
die wir einmal gegangen,
manchmal über schmale Stege
mutig und unbefangen.

Erinnerungen welch ein Glück
bringen sie uns wieder,
sie schau´n vorwärts, wir zuück
unsre Jugend kehrt nicht wieder.

Holt uns der Lebenswinter ein
so wie des Jahres lauf,
da muß man durch wie es auch sei
wir geben noch nicht auf.

Wenn vieles uns von früher trennt
noch ist nicht alles vorbei,
solang die Lebensfreud uns hält
ist im Herzen immer noch Mai

Und wenn man sich gar so wie heut
inmitten unsres Lebens,
von ganzem Herzen lacht und freut
ist keine Stunde vergebens.

Solang das Feuer noch in uns brennt
nur darauf kommt es an,
das Feuer, dass man Lebensfreude nennt
man sieht es heut uns an.

Und wenn die Stunden hier vorbei
waren kurze Zeit nochmal jung,
fast wie damals, einst im Mai
hoch lebe die Erinnerung
und groß die Begeisterung.

Jahreswechsel

Das Jahr hat uns verlassen
Wir warn mit ihm per Du,
geplatzt wie eine Seifenblase
und sah´n dem Schwinden zu.

Für manche war es groß und bunt
Die schönste Seifenblase,
für andre matt, nicht mal rund
nicht nach idealem Maße.

Nun blasen wir von neuem
Ein Jahr uns bildlich auf,
dass es uns mög erfreuen
in seinem Jahreslauf.

Doch blasen muss man lernen
Ganz sachte fängt man an,
auch nicht die vielen Sterne
man auf einmal fassen kann.

Wir wollen nicht in jedem Jahr
Nur das Große sehn,
oft sind die kleinen Dinge uns so nah
wertvoll, kostbar, die leider am Rande stehn.

Wir nehmen das Jahr mit Freuden auf
Und heißen es willkommen,
im Grunde freu´n wir uns doch drauf
es hat ja schon begonnen.

Was wird es uns wohl bringen?
Noch wissen wir es nicht,
es wird bestimmt gelingen
mit unsrer Zuversicht.

Wir müssen nur zu allem stehn
Egal was kommen mag,
mit Gottes Hilfe wird's schon geh´n
an jedem neuen Tag.

Von vertrauten Stunden zehren wir
Wenn auch nicht immer heile Welt,
und diese schönen Stunden hier
das ist es doch was zählt.

Das neue Jahr

Du bist noch jung, du neues Jahr
Und doch schon so vertraut,
weil du dem Alten ähnlich siehst
egal wohin man schaut.

Du bist aus einem Stoff gewebt
Der für uns leben heißt,
aus Farben und auch aus Struktur
viel menschliches aufweist.

Die Zeit sie schneidet dich zurecht
Macht für uns Mode draus,
doch wie bei jeder Kollektion
nicht alles sieht gut aus.

Oft tragen wir dich wie ein Kleid
Aus wundervollem Tuch,
auch manchmal wie ein Stahlkorsett
ganz ohne Gummizug.

Mal zwickt es hier, mal zwickt es dort
Droht oft gar zu zerreißen,
die Mode wechselt immerfort
wenn wir ein Jahr durchreißen.

Entscheidend ist in jedem Fall
Was uns die Zeit anlegt,
er wird erst kleidsam wenn man weiß
wie man die Sache trägt.

Drum neues Jahr wir grüßen dich
Nehmen deine Mode in Kauf,
nur gut das immer ein Wechsel in Sicht
drum lassen wir dir freien Lauf.

Und was es uns wird bringen
Noch wissen wir es nicht,
es wird bestimmt gelingen
mit Gottes Zuversicht - darauf vertraue ich.